tredition®

www.tredition.de

AF196904

Gudrun I. Baier

***

Mein

Dankbarkeitsbüchlein

Ein

Freund und Begleiter

für jeden Tag

www.tredition.de

© 2017 Gudrun I. Baier

Verlag und Druck: tredition GmbH, Grindelallee 188, 20144 Hamburg

ISBN
Paperback: 978-3-7439-7221-6
Hardcover: 978-3-7439-7222-3
e-Book: 978-3-7439-7223-0

In großer Dankbarkeit
für meine wundervolle Familie,
für meine Freunde,
und all Jene, die mehr Freude und Dankbarkeit
in ihr Leben einladen möchten.

Warum ist das DankbarkeitsBüchlein

ein guter Freund?

Geht es Dir auch so,
dass du dich öfter unzufrieden fühlst?

Wie wäre es, wenn du dich neu ausrichtest und
ausgeglichen und fröhlich fühlst?

Richte Deinen Focus mehr und mehr auf das Schöne,
Erfreuliche und Wohltuende, das Dir täglich begegnet,
so dass Du langsam aber sicher
bewusster wahrnimmst und Deine freudigen, dankbaren
Gefühle und Momente ausdehnst und vertiefst.

Stell dir vor, du richtest deine Aufmerksamkeit auf die angenehmen Ereignisse, die du an jedem Tag erlebst - mögen sie dir auch noch so klein erscheinen.

Deine Aufmerksamkeit gilt dann nicht mehr den negativen Dingen, die dich im Gedankenkarussell halten und dir Energie rauben.

Indem du Dankbarkeit empfindest, ziehst du mehr und mehr positive Ereignisse und Begegnungen in dein Leben; alles wird leichter und angenehmer; freudiger.

Der Umgang mit dem Dankbarkeitsbüchlein

Wie du siehst, sind schon viele Dinge, für die wir dankbar sein können, niedergeschrieben.

Wenn du aufmerksam bist, dann spürst du, dass nicht alles so selbstverständlich ist, wie wir es heute voraussetzen. Je länger und intensiver du dich damit beschäftigst, wirst du automatisch positive Gefühle und Ereignisse erleben. Das wiederum wirkt sich sowohl auf das ganze Allgemeinbefinden und letztendlich auf die körperliche Gesundheit aus. Diese positive Ausstrahlung überträgt sich auch auf dein Umfeld; auf Familie und Freunde – Dankbarkeit besitzt eine enorme Kraft!

Denn: Wir ziehen das in unser Leben, woran wir vorrangig denken.

Also gönn dir diese wervolle Zeit.

Schreib jeden Abend nieder, wofür du heute dankbar sein kannst.

Genieße all die kleinen und größeren Freuden und vor allem: fühle deine Dankbarkeit!

Ich wünsche dir viel Freude, neue Erkenntnisse, inneres und äußerlich spürbares und sichtbares Wachstum, heitere Gelassenheit, und immer ein Strahlen in deinem Gesicht und aus deinem Herzen.

HerzLich(s)t

Gudrun I. Baier

Werde wieder wie ein staunendes Kind,
das die Welt entdeckt.
Jeden Augenblick neu.

Tibebisches Sprichwort

Danke für...

Ich bin so froh und dankbar...

Gib jedem Tag die Chance,
der schönste deines Lebens zu sein.

Danke, dass ich diese Stunde genießen kann.

Danke für den schönen Tag heute!

Ich konnte verzeihen und vergeben – das fühlt sich so leicht an. Danke!

Ich bin so froh und dankbar...

Ich freue mich, dass ich einen so treuen und lieben Freund wie meine Katze (Hund) habe.

Ich fühle mich so wohl zu Hause - danke dass ich in einer so wunderbaren Familie sein darf.

Danke, dass ich...

DANKE, dafür, dass ich...

Danke
für Dein Lachen!

Wie schön die Wiese aussieht – und wie sie duftet – da möchte ich mich gleich hineinlegen und träumen – danke ihr wundervollen Gräser und Blumen.

Ich bin so froh und dankbar...

Ganz besonders heute bin ich dankbar für...

Weg mit dem Ballast!

Weniger ist mehr – ich konzentriere mich
ab jetzt auf das Wesentliche.

Danke, dass ich das erkennen konnte.

Ich bin so dankbar, weil ich mich immer besser konzentrieren kann.

Gerade heute bin ich dankbar weil...

Danke für…

Achte auf Deine Gedanken –
sie werden zu Worten.

Achte auf Deine Worte –
sie werden zu Handlungen.

Achte auf Deine Handlungen –
sie werden zu Gewohnheiten.

Achte auf Deine Gewohnheiten –
sie prägen Deinen Charakter.

Achte auf Deinen Charakter –
er wird Dein Schicksal.

Aus dem Talmud

Ich bin so froh!

Danke, dass ich so viel Glück habe.

Der Tag war einfach nur schön.
Heute bin ich dankbar für...

Von ganzem Herzen Danke!

Je weiser ein Mensch ist,
desto weniger
hält er für selbstverständlich!

Ich habe einen gesunden und schönen Körper,
dafür bin ich sehr dankbar.

Danke, dass ich das erkennen konnte.

Danke für...

Danke,
dass du mir zuhörst und dass ich dir vertrauen kann.

Hmm...der Duft von frischem Brot
– jetzt ein Butterbrot!

Danke

Gerade heute bin ich froh und dankbar...

Ich spüre mich, ich
fühle in mich hinein – wie geht es mir? Ich beobachte.

Danke!

Ich bin so froh und dankbar, weil...

Danke für dieses Buch.
Es kommt gerade zum richtigen Zeitpunkt.

Ich genieße jeden Moment meines wunderbaren Lebens.

Wie schön dieser Blumenstrauß ist
– Danke, dass Du an mich gedacht hast.

Ich bin so froh und dankbar, weil...

Mit jedem Menschen braucht man Geduld,
doch an erster Stelle mit sich selbst.

Franz von Sales

Ich freue mich,
weil ich mit Freude geben und nehmen kann.

Danke für die Erkenntnis, dass...

DANKE für...

Danke für den liebevoll gedeckten Tisch.

Danke,
dass ich die Kraft gefunden habe,
diese Sache zu erledigen.

Danke für...

Ich bin so froh und dankbar,
heute war mein Schutzengel wieder aktiv.

Ich bin sehr dankbar für mein Zuhause, in dem
ich mich geliebt und geborgen fühle.

Ich verstehe das Leben immer besser, danke!

Ich bin so froh und dankbar,

      dass mir

           das heute

                gelungen ist.

Ganz herzlichen Dank an...

*Die Freude steckt nicht in den Dingen
sondern im Innersten unserer Seele.*

Theresa von Avila

Danke!

Ganz herzlichen Dank für...

Danke für all die Dinge,
die ich jeden Tag erleben und lernen darf.

*Es gibt nicht den geringsten Beweis dafür,
dass das Leben ernst sein muss.*

Brendon Gill

Ich freue mich – Danke!

Ich bin so froh und dankbar...

Wie schön, dass ich ein so fröhlicher Mensch bin.
Alles was ich tue, das mache ich mit Freude!

Danke,
dass du meine kleinen und großen
Sorgen ernst nimmst.

Gerade heute bin ich dankbar für...

„Dankbarkeit
ist jene innere Haltung,
durch die wir unserem
Leben Sinn geben,
indem wir das Leben
als Geschenk empfangen.

Was jeden gegebenen Augenblick sinnvoll macht,
ist, dass er gegeben ist.
Dankbarkeit
erkennt diesen Sinn, anerkennt und feiert ihn."

David Steindl-Rast

Danke für Dein Lachen!

Werde wieder wie ein staunendes Kind,
das die Welt entdeckt.

Jeden Augenblick – Neu.

Tibetisches Sprichwort

Danke für den schönen Tag heute!

DANKE, dass Du mir verzeihen konntest.

Lerne, auf das Brausen des Windes zu hören, auf den Herz-schlag der Stunde, die verstreicht. Werde wieder zum Kind, das vom Leben überrascht wird, und das Leben wird Dich mit seinen Wohltaten überschütten.

Drupka Rinpoche

Danke,

dass ich heute

so viel Glück hatte.

Heute waren alle Schutzengel bei mir.

Ich bin so froh und dankbar...

Ich bin so froh und dankbar, weil...

Wie schön und geheimnisvoll der Sternenhimmel ist!

Ein Mensch ohne Ziele ist wie ein Himmel ohne Sterne.

Kurt Fink

DANKE für...

Lass Deiner Seele Flügel wachsen.
Öffne Dich Deinen Eingebungen.
Lerne und genieße bei Dir zu verweilen
und dem inneren Fluss zu lauschen.

unbekannt

Gerade heute bin ich dankbar für...

Danke für dein Verständnis
und die Umarmung.

*Du musst das ganze Leben verstehen,
nicht nur einen kleinen Teil davon.*

Deshalb musst du lesen,

*deshalb musst du den Himmel betrachten,
deshalb musst du singen und tanzen,
und Gedichte schreiben und lieben und verstehen,*

denn das alles ist das Leben.

J. Krishnameri

Ich danke dir, weil...

Gerade heute bin ich dankbar für...

Ich danke allen, die mich lieben, so wie ich bin.

DANKE für deine Freundschaft.

Heute bin ich dankbar für...

Viele von uns gehen durchs Leben,
ohne ein Bewusstsein für unsere Schritte zu haben.
Und weil wir glauben, dass das Glück nicht hier,
sondern in der Zukunft liegt,
haben wir uns angewöhnt, ständig zu rennen.
Daher ist es so wichtig, immer
wieder anzuhalten.

unbekannt

Wir haben heute so viel gelacht
– es war ein wundervoller Tag.

Ob du glaubst,

dass du es schaffst,

oder ob du glaubst,

dass du es nicht schaffst,

in beiden Fällen hast du recht.

Lebensweisheit

DANKE

für mein gutes Gefühl im Bauch,
ich bin froh, dass ich darauf geachtet habe.

Danke, dass ich das erkennen konnte.

Mut bedeutet nicht, keine Angst zu haben,
sondern es ist eine Entscheidung,
dass etwas anderes wichtiger ist als die Angst.

Ambrose Red Moon

Danke für den schönen Tag heute!

Gerade heute bin ich dankbar weil,...

Zunächst brauchst du das Wissen
über deine Kraft, dann den Mut,
dich zu trauen und schließlich
den Glauben zum Tun.

Charles F. Haanel

Danke,

dass ich das Leben immer besser verstehe.

D A N K E dass...

Juhu! Das Leben macht Spaß!

Danke, dass ich das erkennen konnte.

Ich bin so froh und dankbar, weil ich das heute geschafft
habe.

Glück ist, wenn deine Gedanken,
deine Worte und dein Tun im Einklang sind.

Mahatma Ghandi

Danke für die Erkenntnis, dass...

Heute bin ich dankbar für...

Ich gehe meinen Weg fröhlich, mutig,
und voller Dankbarkeit.

Dein Geist bietet Dir grenzenlose schöpferische Freiheit.
Werde wieder zum Schöpfer.
Drukpa Rinpoche

Ich bin dankbar für dieses schöne Erlebnis.

Wenn man durch Zweifel läuft,
ist der Weg zum Himmel lang.

aus Finnland

Ganz besonders heute bin ich dankbar für...

DANKE, dass ich das vergeben konnte und dafür, dass auch mir vergeben wurde.

Worauf es ankommt, sind die kleinen Dinge,
die verborgenen, die,
die man auf den ersten Blick nicht sieht
– doch wenn man sie findet,
Glücksmomente schenken und in der Summe
das Leben kostbar machen.

Margit Schrott-Heinrich

Danke für Deine Umarmung –
alles ist wieder gut.

DANKE dafür, dass ich...

Ich bin so froh und dankbar...

Denke nicht so oft an das, was dir fehlt,
sondern an das, was du hast.

Marc Aurel, 121 – 180 n.Chr.

O.K., da hätte ich mir heute ein besseres Ergebnis gewünscht.

Das stelle ich mir jetzt gedanklich vor und in einer ähnli-
chen Situation werde ich dann besser vorbereitet sein.

Danke, dass ich das erkennen konnte.

*Unsere Freiheit und unser Glück gewinnen wir aus unse-
rem eigenen tiefen Wissen, und es spielt keine Rolle, was
irgendjemand dagegen sagt. Unser spirituelles Leben wird
nur dann stabil und unerschütterlich; wenn wir mit unserer
eigenen Erkenntnis der Wahrheit verbunden sind.*
unbekannt

Danke, dass ich...

DANKE, dass ich so viel Glück habe!

Es gibt so viel Gutes in der Welt,
ich konzentriere mich ab jetzt auf das Positive.

Ganz herzlichen Dank an...

Geh langsam - hetze nicht.
Jeder Schritt bringt dir
den besten Moment deines Lebens –
den gegenwärtigen Moment.

Thich Nhant Hanh

Danke für die Erkenntnis, dass...

Ich habe einen großen Wunsch! Und weil ich es immer
fühle und vor mir sehe, bin ich ganz sicher,
dass er sich erfüllt.

D A N K E!

Wer sagt,

dass das Leben

ernst sein muss?

- also lache und freue dich!

Ganz besonders heute freue ich mich über...

Danke, dass ich...

Die Freude steckt nicht in den Dingen
sondern im innersten unserer Seele.

Theresa von Avila

ICH BIN

so froh und dankbar,

dass ich auf mein Gefühl gehört habe!

DANKE!

Gerade heute bin ich dankbar weil,...

D A N K E dass...

Ich habe ein schönes Zuhause, es ist warm
und gemütlich; es geht mir richtig gut.
Das ist nicht selbstverständlich und
darum bin ich dem Leben sehr dankbar.

Gibt es eine bessere Form

mit dem Leben fertig zu werden,

als mit Liebe und Humor?

Charles Dickens

Das war ein fantastisches Erlebnis
- Danke für den schönen Tag heute!

Danke für...

Ich bin dankbar,

weil ich meine Familie liebe

und sie mich.

Sei heiter und vergnügt,
und nimm teil an der Freude der anderen.
Dabei fällt immer auch etwas eigene Freude ab.

Theodor Fontane

Ich bin so froh und dankbar...

Ganz herzlichen Dank an...

Danke
für meine guten Gedanken und Gefühle

Ob du glaubst,

dass du es schaffst,

oder ob du glaubst,

dass du es nicht schaffst,

in beiden Fällen hast du Recht.

nach Henry Ford

Ich bin so froh und dankbar...

Danke, dass ich das erkennen konnte!

Es ist nichts so klein und wenig,

dass man sich nicht dafür

begeistern könnte.

Friedrich Hölderlin

Heute hatte ich so viel Freude,
es war ein schöner Tag. Danke!

DANKE für ...

Ich bin so froh und dankbar, weil...

Danke für Dein Verständnis,

auch wenn das heute nicht so

gut gelungen ist, wie wir es uns

vorgestellt hatten.

Alles, was du bist,
alles was du willst,
alles was du sollst,
geht von dir selbst aus.

Johann Heinrich Pestalozzi

Ich bin so froh und dankbar...

Gerade heute bin ich dankbar für...

Heute endlich habe ich die Kraft gefunden, diese Sache zu erledigen. Darüber freue ich mich sehr – danke.

Danke, dass ich immer auf dich zählen kann.

Danke für...

Danke für den schönen Tag heute.

Geduld ist wie ein Baum,
dessen Wurzel bitter,
dessen Frucht aber sehr süß ist.

aus Persien

Ich bin dankbar für jeden neuen Tag mit dir.

DANKE dafür, dass ich...

Ich bin so froh und dankbar...

Die Sonne scheint!
Wunderbar!
Danke!

Wenn du gibst, so gib mit Freuden und lächelnd.
Joseph Joubert

Ganz besonders heute bin ich dankbar für...

Abschied tut so weh…

ich bin ich dankbar, für die Zeit,
die wir miteinander ver bringen durften.

Danke,

dass ich das geschafft habe!

Solange du Zweifel hast,
sei still und warte ab.
Sobald deine Zweifel
verschwunden sind, handle mutig.
White Eagle-Ponca-Häupting

Ich fühle mich wohl, es geht mir gut. Danke dafür.

D A N K E dass...

Ich bin so froh und dankbar, weil...

Heute bin ich sehr dankbar für die kleinen Dinge
des Lebens.

Gerade heute bin ich dankbar für...

Danke für diese Überraschung.

Habe ich heute schon gelacht?

Jedes Lachen vermehrt das Glück auf Erden.
Jonathan Swift

Danke für dein Geschenk – Danke,
dass du für mich da bist!

Danke für
den schönen Tag!

Danke, dass ich...

Ich bin so froh und dankbar dafür,
dass ich einen schönen und gesunden Körper habe.

Wenn du gibst, so gib mit Freuden und lächelnd.

Joseph Joubert

DANKE, dafür, dass ich...

Danke für meine Freunde, die immer für mich da sind.

Es sind die Begegnungen mit Menschen,
die das Leben lebenswert machen.

Guy de Maupassant

Es geht mir richtig gut –
dafür bin ich sehr dankbar.

Ganz besonders heute bin ich dankbar für...

Hurra! Es ist vollbracht!

Ich betrachte den Frühling,

als ob er zu mir allein käme, um dankbar zu sein.

Christian Friedrich Hebbel

Ich werde immer ruhiger und ausgeglichener
– das fühlt sich so gut an. DANKE

Wenn wir die einzelnen Augenblicke des Tages in ihrer
ganzen Fülle leben, erhält jede noch so kleine Handlung
eine würdevolle Note. Am Abend bleibt uns
die innere Freude über diese erfüllten Momente.

C. Lubich

Danke für...

Heute bin ich dankbar für...

Wir sind wie Magneten –
wir ziehen das an und werden zu dem,
worüber wir nachdenken.

...darüber sollte *ich* einmal nachdenken.

Ich bin so froh und dankbar, dass ich nicht auf meinen
Verstand sonder auf mein Gefühl gehört habe.

Was für eine Freude. ...

DANKE!

Ich stelle mir mein Leben in bunten,
fröhlichen Farben vor.

Ab sofort denke ich nur noch das,

was ich auch erleben möchte.

GIB

Danke, dass ich das erkennen konnte.

Danke
dass mir das Lernen
so leicht fällt
und so viel Freude macht.

Danke für...

Gerade heute bin ich froh und dankbar...

Ich freue mich,

wenn ich etwas geben kann

und ich freue mich und bin dankbar,

wenn ich etwas geschenkt bekomme.
Ich nehme es mit Freude und Dankbarkeit an.

Leben heißt wagen,

Leben bedeutet etwas riskieren. Wer nicht wagt,

der lebt auch nicht.

Charles Houston

Danke, dass ich...

Ich bin so froh und dankbar, weil...

Große Dinge

werden durch Mut errungen,

größere durch Liebe,

die größten durch Geduld.

Peter Rosegger

Danke, dass ich das Leben immer besser verstehe!

Danke für die Erkenntnis, dass...

Ein Baum, der so dick ist, dass Du ihn gerade noch umfas-
sen kannst, stammt aus einem kleinen Samenkorn;
eine Reise von tausend Meilen
beginnt mit einem kleinen Schritt.

Laotse

DANKE für ...

D A N K E dass dieses Buch in mein Leben kam.

Einzigartigkeit

Jeder Grashalm und jede Schneeflocke ist jeweils nur ein kleines bisschen anders...
zwei, die sich völlig gleichen, gibt es nicht.

Vom Kleinsten, wie dem Sandkorn, bis zum allergrößten Stern wurde alles mit dem einen Ziel erschaffen: Genau das zu sein, was es ist!

Wie dumm erscheint es dann, etwas nachzuahmen.
Wie sinnlos, etwas vorzutäuschen!

Da jeder von uns von einem GEISTE erschaffen wurde, dessen Einfälle niemals enden.

Es wird immer nur ein ICH geben,

um mein Können unter Beweis zu stellen

und auch Du solltest stolz sein auf DICH,

denn auch Du bist einzigartig.

Und damit fängt alles an, bei Dir, einem wundervollen unbegrenzten menschlichen Geschöpf.

Janes T. Moore

Ganz herzlichen Dank für...

D A N K E dass...

Danke für mein Zuhause,
in dem ich mich geliebt und geborgen fühle.

Vergiss nicht:

Jede Wolke, so schwarz sie auch sein mag
hat doch ihre Sonnenseite!

Friedrich Wilhelm Weber

Ich bin so froh und dankbar...

Gerade heute bin ich dankbar für...

Danke dafür,

dass ich immer

mit dir reden kann und

dass du mir zuhörst.

Gerade heute bin ich dankbar für...

Der Verstand kann uns sagen,

was wir unterlassen sollten.

Aber das Herz kann uns sagen,

was wir tun müssen.

Joseph Joubert

Danke für den schönen Tag heute...

Wenn die Familie beisammen ist,

ist die Seele auf ihrem Platz.

aus Rußland

Herrlich – der Duft des frischen Brotes – danke!

Danke, dass ich...

DANKE, dafür, dass ich...

Was immer du tun oder erträumen kannst,
du kannst damit beginnen.
In der Kühnheit wohnen Schöpferkraft, Stärke und Zauber.

aus: Die Kraft der Hingabe Johann Wolfgang von Goethe

Danke für die Wunder der Natur, die ich jetzt mit offenen Augen wahrnehme, achte und behüte.

Ich bin so froh und dankbar...

Danke für...

Ich nehme mir genügend Zeit, um alle Aufgaben mit Freude zu erledigen.

Jammern, sich beklagen, sich über Dinge aufregen, die ich nicht ändern kann...
ich weiß, dass ich damit nur mir selbst schade.

Jammern macht eine ohnehin schon unangenehme Sache nur noch schlimmer.

aus: Das lila Armband

Danke für den schönen Tag heute!

Danke, dass ich...

ICH BIN

ganz,
vollkommen,

stark,
mächtig,

liebevoll,

harmonisch

und glücklich.

aus dem MasterKey-System von Charles Haanel

DANKE,

dass du mich so liebst,

wie ich bin.

Ich bin so froh und dankbar...

Danke für Dein Verständnis.

Das Glück Deines Lebens hängt von der Beschaffenheit Deiner Gedanken ab.

Marc Aurel

...die Sonne scheint, der Himmel ist strahlend blau und es geht mir richtig gut...

Ich bin so froh und dankbar, dass ich das mit Dir erleben konnte!

Danke für den schönen Tag heute!

Danke, meine lieben Schutzengel!

Ich bin so froh und dankbar, dass ihr mich heute wieder beschützt habt.

Alles Gute,

was geschieht,

setzt das nächste in Bewegung.

Johann Wolfgang von Goethe

Danke, dass ich...

Ich bin so froh und dankbar...

Danke, dass ich diese Stunde genießen kann.

In dem Augenblick, in dem ich die leise,
innere Stimme unterdrücke,
werde ich aufhören, nützlich zu sein.

Mahatma Ghandi

Ganz besonders heute bin ich dankbar für...

Danke für ...

Lerne auf das Brausen des Windes zu hören, auf den
Herzschlag der Stunde, die verstreicht.

Werde wieder zu dem Kinde,
das vom Leben überrascht wird und das Leben
wird dich mit seinen Wohltaten überschütten.

Drupka Rinpoche

Danke, dass es dich gibt!

Gerade heute bin ich dankbar weil...

D a n k e !

Das Leben ist wie eine Pralinenschachtel,

man weiß nie,

was man bekommt.

Forrest Gump

DANKE für Deine Freundschaft!

Es regnet – ein schöner warmer Sommerregen.

Ich bin barfuß durch den Regen gelaufen
– es war herrlich!

Ich bin so froh und dankbar...

DANKE für...

Es gibt nicht einen Beweis dafür,
dass das Leben ernst sein muss.

Brendon Gill

Ich nehme mir heute genügend Zeit, um alles mit Spaß und Freude zu tun.

Ganz besonders heute bin ich dankbar für...

Danke für den schönen Tag!

SelbstVertrauen

ist das erste Geheimnis

des Erfolges.

Ralph Waldo Emerson

Ich bin so froh und dankbar, weil...

Ich bin dankbar für alles,

was das Leben jeden Tag

für mich bereithält!

DANKE, dafür, dass ich...

Juhu!
Das war ein tolles Geschenk.
Genauso habe ich es mir gewünscht.
DANKE!

Wenn es einen Glauben gibt,
der Berge versetzen kann,
so ist es der Glaube an die eigene Macht.
Marie von Ebner-Eschenbach

Ganz herzlichen Dank an...

Heute bin ich dankbar für...

Ich vertraue darauf,
dass alles im Leben einen Sinn hat.

Ich bin so froh, dass ich auf mein Gefühl gehört habe!

Ich bin so froh und dankbar...

Je einfacher etwas ist,
desto mehr Kraft und Stärke liegt darin.

Meister Eckhardt

Danke,

dass ich immer

zu Dir kommen kann!

Gerade heute bin ich froh und dankbar...

Danke, für...

Ich achte meine Umwelt –
Menschen, Tiere, Pflanzen.
Ich weiß,
wenn ich Schmerz zufüge,
wird er auf mich zurückkommen.
GIB

Ich bin so froh und dankbar für...

Ich liege unter dem Baum,
schaue in das Blätterdach

- und träume!

Wie gut das tut! Danke!

Gerade heute bin ich dankbar für...

Glück entsteht oft durch Aufmerksamkeit
in kleinen Dingen,

Unglück oft durch die Vernachlässigung kleiner Dinge.

Wilhelm Busch

Danke für mein Talent, das mir so viel Energie schenkt und Freude macht.

Blick in dein Inneres!

Da drinnen ist die Quelle des Guten,
die niemals aufhört zu sprudeln,
so lange du nicht aufhörst, nachzugraben.

Marc Aurel

Ja, ich lache gerne!
Mein Lachen steckt andere an.
Das macht mich fröhlich und leicht.

Danke, dass ich...

Ganz besonders heute bin ich dankbar für...

DANKE, dafür, dass ich...

Wenn du eine weise Antwort willst,
musst du vernünftig fragen.

Johann Wolfgang von Goethe

Mein Zimmer ist aufgeräumt, die Sonne scheint,
heute ist wieder ein schöner Tag!

Ich bin so froh und dankbar...

Ganz besonders heute bin ich dankbar für...

Ich freue mich, dass ich immer ruhiger
und ausgeglichener werde.

Auf Dauer nimmt die Seele
die Farbe deiner Gedanken an.

Marc Aurel

Gerade heute bin ich dankbar weil, ...

Danke, dass ich das erkennen konnte.

Lass dich nicht davon abbringen,
was du unbedingt tun willst.
Wenn Liebe und Inspiration vorhanden sind,
kann es nicht schiefgehen.

Ella Fitzgerald

Heute waren meine Schutzengel bei mir!

DANKE,

dass Ihr mich beschützt habt!

Heute bin ich sehr dankbar für...

Es ist schön Frau zu sein. Sich zu wiegen in der Sichel des Mondes, den Wellenschlag des Lebens zu spüren, wie das Steigen und Fallen der Gezeiten.
Schale zu sein um das Strömen der Liebe aufzufangen und zu verwandeln in Leben...

Irmgard Hess

Ich bin so froh und dankbar...

Es ist nicht genug, zu wissen –

man muss auch anwenden.

Es ist nicht genug, zu wollen –

man muss es auch tun.

Johann Wolfgang von Goethe

Heute möchte ich allen danken,
die mich lieben, so wie ich bin.

Gerade heute bin ich froh und dankbar...

Ich bin ein Geschenk für die Welt! Ja!

Ganz herzlichen Dank...

Danke für meine guten Gedanken und Gefühle.

Ich weiß, dass ich mich genau so fühle, wie ich denke!

Liebe heilt,
sie heilt diejenigen, die sie geben und
sie heilt diejenigen, die sie empfangen.
Karl Menninger

DANKE für Deine Liebe!

Ganz herzlichen Dank für...

DA N K E dass ...

Bücher sind die schweigsamsten und beständigsten
Freunde. Sie sind die zugänglichsten und klügsten
Ratgeber und die geduldigsten Lehrer.
Charles W. Eliot

Ich freue mich,

weil ich mit Freude geben und nehmen kann.

Heute bin ich dankbar für...

Wir sollten Glück aber auch Schmerz zulassen
und dankbar sein
für den Augenblick mit all seinen Geschenken
und Reichtümern.
Dieser Augenblick ist für Dich, Du kannst ihn ablehnen
oder als Geschenk dankbar annehmen.

Afschin Kamrani

DANKE, dafür, dass ich...

Mir ist aufgefallen, dass ich geduldiger und ruhiger geworden bin.

Das ist ein gutes Gefühl! Danke!

Sei achtsam mit Dir selbst.

Sei achtsam mit anderen.

Dalai Lama

Ich bin so froh und dankbar...

Das war eine gute Idee!

DANKE!

Mögest Du erkennen, dass die Gestalt Deiner Seele ein-
zigartig ist, dass Dir hier ein besonderes Schicksal beschie-
den ist, dass sich hinter der Fassade Deines Lebens
etwas Schönes, Gutes und Ewiges ereignet.

Irischer Segenswunsch

Hm... frische Brötchen, Butter und Omas Marmelade
– da fängt der Tag gut an.

Danke für den schönen Tag; heute durfte ich erkennen,
dass...

Danke, dass ich...

Niemand wird Dich einst fragen:

Bist Du so klug wie dieser oder so bedeutend
wie jener geworden?

Nur eine Frage wird von Bedeutung sein:
Bist Du ganz Du selbst geworden?

Weisheit der Aboriginee

Es war heute so ein schöner Tag! Danke!

Es tut mir leid dass...

Danke für Dein Verständnis.

Alles was ich sehe, lehrt mich, dem Schöpfer auch bei allem was ich nicht sehe, zu vertrauen.
Ralph Walter Emerson

DANKE, dafür, dass ich...

Mögest Du warme Worte

an einem kühlen Abend haben,

Vollmond in einer dunklen Nacht
und eine sanfte Straße auf dem Weg nach Hause.

aus Irland

Mit meinen Freunden habe ich schon manchmal Zoff.

Ist eben so, jeder hat seine eigenen Sichtweisen.

Trotzdem bin ich froh, so tolle Freunde zu haben.

Ein richtig gutes Gefühl; wir haben uns wieder vertragen.
DANKE

Gerade heute bin ich dankbar weil, ...

Wer lächelt statt zu toben,

ist immer der Stärkere.

aus Japan

Endlich habe ich mein Zimmer aufgeräumt
– das ist ein gutes Gefühl.

Ich spüre, die Klarheit tut mir gut.

Ganz besonders heute bin ich dankbar für...

Ich lehne mich zurück, entspanne mich
und lasse die Gedanken zur Ruhe kommen.

Ich bin so froh und dankbar...

... hat bald Geburtstag
– womit kann ich ihr/ihm eine Freude machen?

Zunächst brauchst du
    das Wissen über deine Kraft,
        dann den Mut dich zu trauen
            und schließlich den Glauben zum TUN.
                                    Charles F. Haanel

Ganz besonders heute bin ich dankbar für...

Danke für ...

Trenne dich nie von deinen Illusionen.
Wenn sie verschwunden sind,
existierst du vielleicht weiter,
aber du hast aufgehört, zu leben.

Mark Twain

Das ist ein schönes Buch!

Ich möchte gar nicht aufhören, zu lesen.

Heute bin ich sehr dankbar für...

Danke für...

Jedenfalls ist es besser,

ein eckiges Etwas zu sein,

als ein rundes Nichts.

Friedrich Hebbel

Wieder so ein schöner Sommertag!
Blauer Himmel, die Vögel zwitschern, alles blüht
und duftet...
Gerade heute bin ich froh und dankbar...

Danke, dass ich...

Fühl Dich nicht arm,

wenn Deine Träume

nicht in Erfüllung gehen.

Wirklich arm ist nur,

wer nie geträumt und geliebt hat.
Unbekannt

Ich bin so froh und dankbar, dass ich auf mein Gefühl
gehört habe!

Danke für die Erkenntnis, dass...

Man kann keine großen Dinge tun,

nur kleine Dinge mit großer Liebe.

Mutter Teresa

Heute bin ich ganz besonders froh,
weil ich das geschafft habe!

DANKE für...

Ich bin so froh und dankbar, weil...

*Nicht alles, was zählt, kann gezählt werden
und nicht alles, was gezählt werden kann, zählt.*

Albert Einstein

Danke!
Du hast mir heute sehr geholfen.

Danke für die Erkenntnis, dass...

Ja! Das
hat heute
richtig Spaß
gemacht.

Du allein entscheidest,

ob die Erde in Deiner Nähe voller Blumen
oder voller Dornen ist und die Augen Deiner Freunde
voller Tränen oder voller Freude sind.

Ol Sartorio

Ganz herzlichen Dank!

Gerade heute bin ich dankbar für...

Danke, dass ich ein so fröhlicher Mensch bin.

Danke für den wundervollen Tag!

Achte auf Deine Gedanken,
denn sie werden Deine Worte.
Achte auf Deine Worte,
denn sie werden Deine Gefühle.
Achte auf Deine Gefühle,
denn sie werden Dein Verhalten.
Achte auf Deine Verhaltensweisen,
denn sie werden Deine Gewohnheiten.
Achte auf Deine Gewohnheiten,
denn sie werden Dein Charakter.
Achte auf Deinen Charakter,
denn er wird Dein Schicksal.
Achte auf Dein Schicksal,
indem Du jetzt auf Deine Gedanken achtest.

aus dem Talmud

Danke, dass ich...

Danke,

dass ich immer zu dir kommen kann, mir zuhörst und mich verstehst.

Nicht wer wenig hat,
sondern wer mehr haben will, ist arm.
Seneca

Ich bin so froh und dankbar...

DANKE für deine Geduld...

Ausdauer wird früher oder später belohnt
- meistens aber später.
Wilhelm Busch

Ja,

ich freue mich,

es geht mir richtig gut!

Ich bin so froh und dankbar...

Ganz besonders heute bin ich dankbar für...

Nicht weil es schwer ist,

wagen wir es nicht,

sondern weil wir es nicht wagen,

ist es schwer.

Seneca

Danke,

dass ich einen so gesunden und
schönen Körper habe.

Ich bin so froh und dankbar...

Du bist immer noch zu ungeduldig.

Hast du inzwischen nicht begriffen,

dass man nie das bekommt, was man sich nimmt,
sondern nur das, was einem geschenkt wird?

Alles kommt zu dem, der warten kann.
Hans Bemmann

Gerade heute bin ich dankbar für meine Geduld!

Wir haben heute so viel gelacht – es war ein
richtig schöner Tag.

Danke für deine Freundschaft.

Ich freue mich auf unser Wiedersehen.

Danke für den schönen Tag heute!

Gott achtet nicht darauf, wie viel wir tun,
sondern mit wie viel Liebe wir es tun.

Mutter Teresa

Ja, das ist mein

Herzenswunsch -

Das mache ich jetzt!

DANKE, dafür, dass du...

Ja, ich bin traurig, und das darf ich auch sein.
Die Tränen, die ich weine, sind heilsam.

Die Freude liegt nicht in den Dingen,

sie liegt in uns.

Richard Wagner

Nun, das hat heute nicht so funktioniert,
wie ich es mir vorgestellt hatte.
Aber es ist o.k. – ja, ich bin sicher es war
für etwas gut – auch wenn ich das heute
noch nicht verstehe.

Ich bin so froh und dankbar...

Danke für die Erkenntnis, dass...

Nichts kann dich verletzen,

wenn du ihm

nicht die Macht dazu gibst.

Aus: Ein Kurs in Wundern

Ich bin sehr dankbar,

weil ich das Leben immer besser verstehe!

Ich bin so froh und dankbar...

Wer einmal sich selbst gefunden hat,
der kann nichts auf dieser Welt mehr verlieren.

Stefan Zweig

Gerade heute bin ich dankbar für...

Dein Weg wird nur klarer werden,

wenn du in dein Herz schaust.

Carl Gustav Jung

Du bist auf dem richtigen Weg, denn du hast dich entschieden, wenn du auch vielleicht noch denkst, dass du umkehren und dich anders entscheiden kannst. Dem ist nicht so. Eine getroffene Entscheidung, die von der Macht des HIMMELS unterstützt wird, ist nicht mehr aufzuheben. Dein Weg ist entschieden. Wenn du das anerkennst, wird es nichts geben, was dir nicht gesagt wird.

Aus: Ein Kurs in Wundern

DANKE für deine

Umarmung heute – genau das habe ich gebraucht.

Danke für...

Unser wahres Zuhause ist der gegenwärtige Augenblick.
Wenn wir wirklich im gegenwärtigen Augenblick leben,
verschwinden unsere Sorgen und Nöte und wir
entdecken das Leben mit all seinen Wundern.

Thich Nhat Hanh

Danke für den schönen Tag heute!

Es tut mir so gut, dass...

Danke für die gute, ruhige Nacht und danke dafür, dass ich mich heute so geborgen fühle.

DANKE, dafür, dass ich...

Wenn du jemandem begegnest, so erinnere dich daran,

dass es eine heilige Begegnung ist.

Wie du ihn siehst, wirst du dich selber sehen.

Wie du ihn behandelst, wirst du dich selbst behandeln.

Wie du über ihn denkst,
wirst du über dich selber denken.

Vergiss dies nie,
denn in ihm wirst du dich selbst finden oder verlieren.

Aus: Ein Kurs in Wundern

Ich verstehe das Leben immer mehr, das ist ein gutes Gefühl und dafür bin ich sehr dankbar.

Ich kann, weil ich will, was ich muss.

Immanuel Kant

Ich bin so froh über die Erkenntnis...

Ganz besonders heute bin ich dankbar für...

Danke,

dass ich diese Chance erkannt habe
– das macht mich sehr glücklich.

Stille ist nicht nur die Abwesenheit von Lärm,
sondern ein Schweigen, das den Menschen die Augen
und Ohren öffnet für eine andere Welt.
Serge Poliakoff

Gerade heute bin ich dankbar, weil...

Ich bin dankbar für all die schönen Momente, die ich erleben und genießen darf.

Auch die längste Reise beginnt mit dem ersten Schritt.
chin. Sprichwort

Oh, wie WunderVoll! DANKE!

Oh glaub, dass Wunder dir geschehn,
denk, was du sonst der Seele raubst.
Die Wunder knien vor dir und flehn;
sie sind ja nur, wenn du sie glaubst.

Rainer Maria Rilke

Danke für...

Auch aus Steinen, die einem in den Weg gelegt werden,
kann man was Schönes bauen.

Johann Wolfgang von Goethe

Heute hatte ich wirklich Glück!

Ich bin so froh und dankbar...

Danke, dass ich das erkennen konnte.

Wow, das ist mir ja heute gut gelungen.
Danke allen, die mich dabei unterstützt haben.

D A N K E !

Gerade heute bin ich froh und dankbar...

Deine erste Pflicht ist, dich selbst glücklich zu machen.

Bist du glücklich,
so machst du auch alle anderen glücklich.

Ludwig Feuerbach

Ich habe liebe Freunde,
ein schönes Zuhause
- es geht mir richtig gut –
dafür bin ich sehr dankbar.

Danke für Deinen Trost und Deine Hilfe!

Danke, dass ich...

*Mut muss nicht immer Getöse sein. Manchmal ist es die
ruhige Stimme am Ende des Tages, die sagt:*

„Ich versuchs morgen noch mal"

Unbekannt

Danke für meine Erkenntnis, dass...

DANKE für...

Ziel des Lebens ist die SelbstEntwicklung.
Das eigene Wesen völlig zur Entfaltung bringen,
das ist unsere Bestimmung.

Oscar Wilde

Hurra, es wird Frühling!

Die ersten Schneeglöckchen – was für eine Freude!

Gib jedem Tag die Chance, der Schönste deines Lebens zu werden.

Marc Twain

D A N K E dass...

Sag, was Du zu sagen hast, und nicht,

was Du sagen solltest.

Thoreau

Ich weiß, dass Ehrlichkeit mir selbst und anderen
gegenüber oberste Priorität hat.

Ganz herzlichen Dank an...

Lass dich nicht davon abbringen,
was du unbedingt tun willst.
Wenn Liebe und Inspiration vorhanden sind,
kann es nicht schief gehen.

Ella Fizgerald

Ein gutes Gefühl, dass ich das heute erledigt habe.

Danke!

Ganz herzlichen Dank für...

Auch wer um die ganze Welt reist, um das Schöne zu suchen, findet es nur, wenn er es in sich trägt.

Ralph Waldo Emerson

Ich bin so froh und dankbar...

Leben ist Ebbe und Flut,

lass dich davon tragen,

auf und ab,

doch sei losgelöst davon.

Dann ist es nicht so schwer.

Prem Rawar

Fühle Deine innere Wahrheit;
Dein Herz zeigt Dir Deinen Weg.

Aus Persien

Es fühlt sich so leicht an.
Ich bin sehr dankbar für diese Erfahrung.

Wunder geschehen nicht im Widerspruch zur Natur,

sondern nur im Widerspruch zu dem,

was über die Natur bekannt ist.
Augustinus

DANKE! Das ist wirklich ein Wunder!

So viel Freude und Lachen heute, das war ein schöner
Tag! Ich danke Dir dafür!

Ich achte jetzt mehr auf mich selbst – auf das, was mir gut tut, und nicht mehr darauf, was von mir erwartet und verlangt wird. GIB

Wie gut, dass ich das erkennen durfte – DANKE!

Ich bin so froh und dankbar...

Du bist was du bist und doch mehr als du ahnst.
Alles in dir befähigt dich, Meister deines Lebens zu sein.
Kryon

Ich bin so froh, dass ich auf mein Gefühl gehört habe!

Ich liebe mir den heiteren Mann
am meisten unter meinen Gästen;
wer sich nicht selbst zum besten haben kann,
der ist gewiss nicht von den Besten

Johann Wolfgang von Goethe

Mein Alltag wird immer friedlicher und leichter, dafür bin ich sehr dankbar!

ICH BIN der wichtigste Mensch in meinem Leben.
Wenn es mir nicht gut geht, wie kann es dann meinen
Lieben gut gehen?
ICH BIN sehr dankbar für diese Erkenntnis.
Ab jetzt sorge ich gut für mich.

DANKE für...

Unsere Träume, Sehnsüchte und bunten Hoffnungen
wollen ernst und wichtig genommen werden.

Friedrich Schiller

Erinnere dich daran,
dass Stille manchmal die beste Antwort ist.

Dalai Lama

Danke dass...

Draußen ist es grau und trüb, trotzdem bin ich innerlich
voller Freude. Danke!

Freude mein Lieber, ist die Medizin dieses Lebens.

Ernest Hemingway

Ich freue mich!
Es hat sich so viel verändert.
Ich ruhe viel mehr in mir und fühle mich stärker, sicherer...
Wie gut mir das tut – danke!

DANKE

Leuchte, als gehöre das ganze Universum dir.

Rumi

HERZINTELLIGENZ

Je reicher die Menschen sind, desto eher betrachten sie ihre Privilegien und Vorzüge als eine Selbstverständlichkeit.

Wenn wir uns bester Gesundheit erfreuen und das Leben uns zudem mit vielen günstigen Gelegenheiten beschenkt, nehmen wir diese wahrscheinlich ebenfalls für selbstverständlich, was nicht gerade unsere Zufriedenheit mehrt.

Zufriedenheit wächst vielmehr aus der Dankbarkeit, die wir für alle positiven Lebensumstände fühlen.

Wir können nirgendwo zu Hause sein, wenn wir uns nicht selbst Zuflucht und Heimat sein können, wenn wir uns nicht entspannen, in uns keine Ruhe finden.

Wo unser Herz ist, fühlen wir uns zu Hause, nicht wo unser Körper ist.
Deswegen sind wir endlich zu Hause angekommen, sobald wir unser Herz öffnen, sobald wir ein Gefühl liebevoller Wertschätzung spüren, sobald wir dankbar, zufrieden, erleichtert und sorglos sind.

Wenn wir uns so fühlen, sind wir überall auf diesem Erdball, ja im ganzen weiten Universum zu Hause.

Ayya Khema

Das Klang Gebet

Ich verzeihe alles,
alles, was ich mir an diesem Tage angetan habe
Ich verzeihe alles - alles, was ich an diesem Tage
anderen Wesen angetan habe
Ich verzeihe alles - alles, was andere Wesen mir an
diesem Tage angetan haben
Ich verzeihe alles
Ich akzeptiere mich - so, wie ICH BIN
Ich akzeptiere DICH - so wie Du BIST
Ich akzeptiere EUCH - so wie IHR SEID
Ich akzeptiere die Welt – so wie SIE IST
Ich bin verbunden mit allen Ebenen des Seins
grenzenlos durchwoben
unendliche Tiefe – unendliche Höhe
unendliche Breite - unendliches Wahrnehmen
wahrnehmen dessen, was ist – Fülle
unermesslicher Reichtum - an Harmonie
alles spielt – gemeinsam
alles durchwoben – von Harmonie
und doch – einzigartig
einzigartige Information – für mich – für meinen Weg
einzigartig diese Schönheit
Klang und Licht und unermessliche Schönheit
Mein Weg – unerfahren – eine Schau dessen was
ICH BIN
Harmonie – wunderbare Schönheit – Einzigartigkeit
behütet – beschützt – geborgen – frei – erlöst
erlöst von aller Erfordernis – NICHTS zu tun
den Weg wandern – Wege der Erlösung
Alles gelöst – alles frei
alles in sanfter harmonischer Bewegung

Spiele – ernsthaftes Spiel – mit dem Ganzen
ohne sich einzumischen – wunschlos
alles ist vorhanden – alles ist nutzbar
keine Wünsche – keine Sehnsucht
Freiheit – Möglichkeit – Einheit
unermesslich – unermesslich – danke
Danke für dieses Geschenk ---DANKE

aus der AUMEGA Klangbroschüre
Dieter Broers & Thomas Chochola

Zeitfracht Medien GmbH
Ferdinand-Jühlke-Straße 7
99095 Erfurt, Deutschland
produktsicherheit@kolibri360.de